NOTICE BIOGRAPHIQUE

SUR

M. L'ABBÉ JEAN-MARIE DUMAS

CHANOINE DE L'ÉGLISE CATHÉDRALE

ANCIEN SUPÉRIEUR

DU PETIT-SÉMINAIRE DE NOTRE-DAME DE RICHEMONT

PAR

M. L'ABBÉ LABROUSSE

Chanoine honoraire, Professeur de Rhétorique

Mementote præpositorum vestrorum,
« Souvenez-vous de vos anciens maîtres. »
(Heb. 13, 7.)

ANGOULÊME
IMPRIMERIE ROUSSAUD
Rue Tison d'Argence.

NOTICE BIOGRAPHIQUE

SUR

M. L'ABBÉ JEAN-MARIE DUMAS

CHANOINE DE L'ÉGLISE CATHÉDRALE

ANCIEN SUPÉRIEUR

DU PETIT-SÉMINAIRE DE NOTRE-DAME DE RICHEMONT

PAR

M. l'Abbé LABROUSSE

Chanoine honoraire, Professeur de Rhétorique

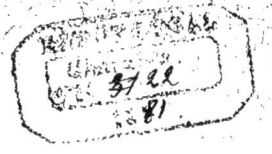

Mementote præpositorum vestrorum,
« Souvenez-vous de vos anciens maîtres. »
(Heb. 13, 7.)

ANGOULÊME

IMPRIMERIE ROUSSAUD

Rue Tison d'Argence.

NOTICE BIOGRAPHIQUE

SUR

M. L'ABBÉ JEAN-MARIE DUMAS

CHANOINE DE L'ÉGLISE CATHÉDRALE

ANCIEN SUPÉRIEUR

DU PETIT-SÉMINAIRE DE NOTRE-DAME DE RICHEMONT

Mementote præpositorum vestrorum.
« Souvenez-vous de vos anciens maîtres. »
(Heb. 13, 7.)

Ce précepte de l'Apôtre nous a été rappelé par Monseigneur l'Evêque d'une façon touchante lorsque Sa Grandeur a bien voulu louer publiquement, dans sa cathédrale, l'heureuse pensée qu'avait eue M. l'abbé Chaumet, supérieur du Petit-Séminaire, de transporter les restes vénérés de M. le chanoine Dumas, dans le cimetière de Richemont, tout près de la petite église que ce prêtre zélé releva de ses ruines et non loin du magnifique établissement dont il fut le principal fondateur.

Et c'est pour obéir à ce précepte signalé par la voix la plus autorisée du diocèse et conforme du reste au désir de mon cœur, que je vais essayer de faire revivre, dans ces quelques pages, une grande figure, un grand cœur une âme plus grande encore. Et cela me sera facile. Le temps n'a pas tellement affaibli les souvenirs qu'ils soient près de s'effacer ; au contraire, il les a mis en relief ; car on peut dire de M. le chanoine Jean-Marie Dumas ce que l'on raconte de certains caractères ; qu'ils ne paraissent dans tout leur jour que lorsqu'on les voit de loin, à l'abri de toute passion humaine, dans le calme d'une dignité sereine que l'on prendrait presque pour le sceau de l'immortalité.

Une seule pensée me préoccupe, c'est de ne pouvoir rappeler, au gré de tous, ce qui est dans toutes les mémoires. Pressé que je suis par le temps, et mis à l'étroit par la nature même de la notice, il me faudra nécessairement laisser dans l'ombre des faits qu'il serait utile de rapporter et me contenter, dans ce travail entrepris pour honorer la mémoire d'un bienfaiteur du diocèse, de livrer d'une façon bien rapide aux générations de l'avenir, le nom, les œuvres et les vertus éminemment sacerdotales du très vénérable M. l'abbé Jean-Marie Dumas, chanoine de l'église cathédrale d'Angoulême, ancien supérieur du Petit-Séminaire de N.-D. de Richemont.

Ce fut à Champagne-Mouton, le 29 septembre 1809, que naquit d'une humble famille d'artisans où les vertus les plus pures étaient de tradition, Jean-Marie Aristide Dumas. Resté orphelin à l'âge de deux ans par la mort de son père Jean Dumas, homme au cœur droit et craignant Dieu, il vécut et grandit auprès de sa pieuse mère, Louise Brillac, jusqu'à l'âge de huit ans ; alors, il fut remis entre les mains de l'une de ses tantes nommée aussi Louise Brillac, sainte religieuse des hospitalières de Poitiers, qui, chassée de son couvent en 1793, passa secrètement la période révolutionnaire au sein de sa famille et retourna à sa communauté lorsque le Concordat lui permit d'y continuer en paix ses bonnes œuvres.

Cette tante vénérée dont M. Dumas aimait à rappeler le souvenir le plaça dans une petite institution de Poitiers même, dirigée par M. Petitot, excellent homme qui le reçut avec bonheur, et plus tard, lui fit partager la vie de famille, pressentant de grands avantages à laisser ses propres enfants se mettre en contact avec la candeur, l'innocence, la précocité intellectuelle de son jeune élève. Néanmoins, à quatorze ans, il dut quitter ce doux asile et sa religieuse tante, sa seconde mère dont les prières et les mérites lui avaient peut-être obtenu du ciel la vocation ecclésiastique qu'il avouait être la sienne, et qui le fit admettre au Petit-Séminaire de La Rochefoucauld où continuèrent à se développer rapidement ses qualités naturelles sous l'habile direction de M. Brunelière, et où il apprit le secret de la finesse et de la grâce du style dans les leçons littéraires de Crétineau-Joly, qui se plaisait à cultiver cette jeune et belle tête avec tout le soin que mettrait un artiste à polir son ouvrage.

Après des études constamment brillantes le jeune Dumas se trouvait préparé de la manière la plus heureuse aux grands et sérieux travaux du lévite ; déjà, le Séminaire d'Angoulême le comptait parmi ses clercs et ses meilleurs sujets, lorsqu'éclata comme un coup de foudre la Révolution de 1830. Toujours avide de nouveautés et toujours trompée par les meneurs de sous-sol qui la flattent pour s'en servir comme d'instrument de désordre et de ruines, sauf à retourner plus tard contre elle ses propres folies, la foule avait été lancée comme une meute furieuse au milieu des paisibles séminaristes qui furent contraints de se disperser

*

sous la violence qui brisait leurs portes et d'aller chercher au sein de leur famille ou ailleurs un refuge pour leur vocation menacée.

Alors, en attendant que le calme revint et que l'Eglise qu'on peut persécuter, mais qu'on ne peut lasser jamais, reprit, dans l'éducation de ses prêtres, son œuvre de civilisation et de salut, M. Dumas trouva une occupation dans le préceptorat, jusqu'au moment où l'Ecole des Thibaudières qui s'était ouverte à la jeunesse chrétienne, le compta parmi ses professeurs les plus distingués. Pendant six ans au moins, il y donna des preuves de son dévouement à l'autorité par l'obéissance qu'il lui rendait, de son application au devoir par la fidélité qu'inspire le zèle chrétien, et enfin de son aptitude à élever la jeunesse par le tact avec lequel il traitait des caractères dont la mobilité, l'inconstance et parfois les travers réclament dans l'éducateur des qualités spéciales.

La divine Providence le préparait ainsi de longue main à l'œuvre qui devait occuper les trente-deux plus belles années de son existence. Et encore, avant que de la lui confier, elle allait lui préparer les moyens de réussir en le revêtant d'abord de l'autorité du sacerdoce, et en lui procurant, par quelques années passées dans le ministère des âmes, les relations de haute estime et de profonde sympathie sans lesquelles on peut dire que l'homme est seul et condamné à l'impuissance, alors même qu'il sentirait se remuer en lui de grands et utiles projets.

Clerc en 1829, minoré en 1833, sous diacre en 1834, diacre en 1837, M. l'abbé Dumas voulut se préparer au sacerdoce à Saint-Sulpice, dans ce cénacle dont le nom seul est un éloge. Il eut la bonne fortune d'y rencontrer comme *ange* destiné à le familiariser avec

les usages du séminaire M. l'abbé Duquesnay, aujourd'hui archevêque de Cambrai, et comme condisciples un grand nombre d'esprits éminents qui ont fait et font encore la gloire de l'épiscopat français. Nullement déplacé dans ce milieu de la science et de la vertu, il y parut au contraire avec cet air d'aimable distinction qu'il portait partout et qui ne l'abandonna jamais. Ce fut le 25 mai 1839 qu'il reçut l'onction sainte, juste au moment où l'église de Cognac réclamait un vicaire et où l'autorité diocésaine s'apprêtait à profiter de son zèle et de ses vertus. A certains moments de l'histoire d'une ville ou d'une bourgade il se lève des esprits tapageurs qui se croient appelés à tout régenter parce qu'ils ont le verbe puissant, les choses de l'église semblent convenir à leur spécialité, et il n'est pas alors de billevesées qui ne leur passent par la tête. Dans ces jours, Cognac comptait de ces esprits-là. Quelques catholiques crurent devoir en informer l'Evêché et réclamer pour faire face aux difficultés du moment, un homme au talent souple et habile, qui pût seconder efficacement les nobles efforts de leur digne et vénéré curé (1). « Nous avons
« votre affaire, leur fut-il répondu ; seulement il vous
« faut attendre un peu, le vicaire que nous vous desti-
« nons est à Saint-Sulpice, à Paris ; mais aussitôt qu'il
« sera libre vous le recevrez. » Dans quelques âmes le désir du bien ne souffre pas de lenteur, et l'un de ces hommes au cœur fervent, fort des promesses qu'on avait faites, se rend à Saint-Sulpice, demande à voir le jeune prêtre du diocèse d'Angoulême, lui apprend le poste qu'on lui réserve et lui donne en même temps les plus encourageants témoignages des sympathies

---

(1) M. Convers (mariste de la maison de Belley).

qui l'y attendent : « Monsieur l'abbé, lui dit-il, veuillez
« me faire connaître le jour de votre arrivée à Cognac,
« et, à votre sortie de la diligence, vous nous trouverez
« sur la place pour vous accompagner au presbytère. »

Cependant M. l'abbé Dumas arrivait à Cognac toujours prévenu contre les dispositions des esprits. Il lui avait été rapporté que des cris peu bienveillants avaient circulé dans les rues de la ville ; et, c'était avec une certaine appréhension de difficultés sérieuses qu'il mettait le pied sur le sol cognaçais ; mais lorsqu'il eut vu, dès le premier abord, l'escorte d'honneur qui lui avait été annoncée, il sentit son cœur s'ouvrir à la confiance et conçut des espérances dont il ne fut point déçu.

Vicaire de Cognac et curé de Javrezac auquel se rattachaient pour le culte Crouin et Richemont qu'il dotera plus tard d'un titre paroissial, M. l'abbé Dumas se mit courageusement à l'œuvre, travaillant de concert avec un homme de talent auquel, disait-il, il ne manquait que deux choses, car il avait tout le reste, la crosse et la mitre : M. l'abbé des Cordes (1). M. l'abbé des Cordes a toujours eu, en effet, au service de son zèle, une magnifique éloquence ; et, sous l'action du curé et sous celle du vicaire on voyait ce spectacle : que les esprits se ressentaient du charme de la parole de l'un et que les âmes prenaient confiance sous la parole onctueuse de l'autre.

Alors commencèrent les beaux jours de l'église de Cognac : le talent et la vertu s'imposaient à tous et il fallait bien écouter en silence et admirer en secret ce qu'on ne pouvait ni réfuter ni détruire. Aussi n'était-ce

---

(1) M. des Cordes venait de remplacer M. Convers, comme curé de Cognac.

pas seulement l'Église qui se peuplait d'un plus grand nombre de fidèles, c'étaient aussi les idées grandes et généreuses qui germaient, se développaient et s'accomplissaient avec la magnifique expension d'une foi profonde. « Le clergé ne se recrute pas, se disait en
« ces jours, un chrétien des plus honorables, M. Léon
« O'Tard de la Grange ; notre jeunesse elle-même est
« obligée d'aller au loin chercher une instruction
« qu'elle pourrait trouver à sa porte. Pourquoi, ici, à
« l'entrée de Cognac, au Solençon, n'aurions-nous pas
« cette école en question, j'en parlerai à mes amis.
« Les uns, nous dit-il un jour, se firent un peu tirer
« l'oreille, les autres m'écoutèrent et finalement l'on
« acheta, non pas le Solençon, mais le château de
« Richemont, que M. des Cordes acquit au nom du
« diocèse. »

Telle fut l'origine du Petit-Séminaire, on voit qu'un souffle de la grâce, en passant sur un noble cœur, peut faire de grandes choses et l'on ne sait quoi le plus admirer, ou ceux qui traduisent leur foi par de tels actes, ou la puissance qui porte à les produire. Enfin, un prospectus daté d'Angoulême, le 30 août 1839, et signé par les deux vicaires généraux, MM. Guitton et Gratreau, annonçait en ces termes au public qu'un séminaire était fondé dans le diocèse :

« Depuis longues années Monseigneur l'Évêque
« d'Angoulême désirait réparer par le rétablissement
« d'un Petit-Séminaire, les pertes douloureuses que
« son diocèse avait faites et répondre ainsi aux besoins
« du clergé comme aux vœux d'un grand nombre de
« familles chrétiennes.

« La Providence vient enfin de pourvoir à tout. Le
« château de Richemont acquis il y a peu de jours
« est en pleine voie de restauration. D'importants

« travaux..... permettront de donner successivement
« à l'établissement de grands développements et d'ou-
« vrir aux pères de famille un asile où la foi et les
« mœurs seront l'objet de la plus vive sollicitude. »

Le Petit-Séminaire de N.-D. de Richemont était donc fondé et le 30 octobre 1839, l'essaim de Bassac vint se réfugier dans sa nouvelle ruche que gouverna d'abord M. l'abbé Tarère, puis M. l'abbé Berchon, l'apôtre infatigable. Un homme était destiné à lui donner toute sa prospérité, c'était M. l'abbé Dumas que deux années de ministère avaient fait suffisamment connaître et apprécier, au point que dans plusieurs familles ses conseils étaient suivis avec la déférence la plus respectueuse et la plus empressée. « Où « mettrons-nous en pension notre enfant ? lui deman- « dait un jour le chef honorable de l'une d'elles. » A Richemont, Monsieur, répondit l'abbé, sans savoir qu'il allait lui-même en être nommé le directeur. Aussi, heureuse en fut la nouvelle lorsqu'elle fut connue de cet intérieur qui lui était tout dévoué. « Que « le bon Dieu nous aime, chère amie, dit M. L. D. à sa « noble épouse, c'est M. l'abbé Dumas qui est nommé « supérieur du Petit-Séminaire. »

Le branle était donné. L'estime et la confiance qui allaient présider aux débuts du jeune supérieur ne furent jamais mieux méritées ni plus complètement accordées.

En prenant en main la direction de Richemont, M. Dumas eut bientôt saisi toute la portée du rôle que devait jouer sa maison. Initié à la grande lutte qu'avaient soutenue et soutenaient les Lacordaire et les Montalembert contre le monopole de l'enseignement, il résolut d'entrer dans le combat et d'exercer sur le modeste théâtre où son zèle allait se montrer, sa part d'influence dans la revendication de la plus précieuse de nos libertés. Fournir à l'Église de pieux lévites et à la société d'excellents chrétiens, tel fut l'objet avoué de ses prospectus et de ses discours, le mobile de toutes ses démarches, la sollicitude de tous ses instants, je puis ajouter l'œuvre de toute sa vie. Et, à la bien considérer, cette œuvre nous permet de voir dans M. l'abbé Dumas l'administrateur habile, l'éducateur puissant, et par dessus tout, comme couronnement à sa laborieuse carrière, e saint prêtre.

C'est beaucoup, dans une construction, de concevoir les vastes proportions de l'édifice que l'on se propose d'élever ; mais l'essentiel est d'en asseoir la base sur un fondement solide qui puisse mettre l'œuvre entière en sureté contre les oscillations d'un terrain mouvant. Cette nécessité ne pouvait échapper à l'esprit organisateur du jeune supérieur qui s'empressa de créer pour sa maison un règlement en harmonie avec le but qu'il se proposait d'atteindre. Néanmoins et pendant quelque temps encore, il laissa suivre à sa maison les grandes lignes du règlement du séminaire de Paris, afin d'apprendre de l'expérience journalière, sans pour cela gêner en rien la marche de sa communauté, les points particuliers de discipline qui, bientôt mis en en vigueur par le concours de ses dignes collaborateurs, donnèrent au Petit-Séminaire cette physionomie particulière dont ses élèves portaient le cachet dans le monde et qui pourrait se traduire par un mot essentiellement français : le bon ton.

Cependant à ce règlement, fruit de l'expérience et de la sagesse, il manquait une sanction, elle lui fut donnée par la haute approbation qu'en fit par écrit le nouvel évêque d'Angoulême, de sainte et illustre mémoire, Mgr Régnier, dont la compétence en matière d'éducation était connue de tous. Le savant Prélat eut bientôt compris par ce document administratif la portée intellectuelle du supérieur de son Petit-Séminaire et voulut lui donner une preuve de sa haute estime, en faisant agréer sa charge par ordonnance royale et en le nommant lui-même chanoine honoraire de son église cathédrale.

La confiance est un puissant aiguillon pour le zèle, l'abbé Dumas le sentit. « Il aurait fallu voir M. le
« Supérieur, nous disait une personne témoin de son
« activité, il aurait fallu le voir ordonner, disposer et
« agrandir sa maison, exigeant de l'ordre partout et
« ne cessant de répéter à tout le monde : Ayez une
« place pour chaque chose et que chaque chose soit
« à sa place. »

Mais cette vertu administrative, l'ordre, ne fut pas la seule qu'il possédât, il fut aussi heureusement doué du côté de la prudence, de la politesse et de la grâce. Quel homme réservé dans ses rapports avec le monde ! Quel souplesse d'esprit et quel ressort dans la pensée, pour négocier une entreprise et pour conduire à bonne fin les affaires dont il avait la direction ! S'agissait-il, d'autre part, de traiter avec des parents trop faibles à l'égard de leurs enfants, il savait leur inspirer du courage ; fallait-il ramener dans le devoir des esprits trop turbulents, un mot tombé de ses lèvres inspirait une crainte salutaire. Avec le corps professoral, quelle dignité sans raideur ! quel abandon sans familiarité ! Quelle gracieuseté sans afféterie ! Quelle délicatesse, quand il voulait témoigner son contentement ou faire cesser un malaise qu'auraient pu faire naître des intentions mal comprises ! Ah ! si, dans les trente-deux années de sa supériorité, il s'est rencontré des esprits qui l'aient peu goûté, qui pourrait en être surpris ? La bonne volonté ne suffit pas pour donner la vocation à l'œuvre si difficile de l'éducation ; surtout quand, leurrés par je ne sais quel optimisme que ne comporte pas la nature de l'enfance, des hommes, à raison droite pourtant, s'en prennent à l'autorité elle-même de ce que les choses, qui sont sous leur dépendance, ne marchent pas au gré de leurs désirs. Loin de moi toute pensée amère que ne comporte pas l'esprit qui doit ici guider ma plume. Je n'oublie pas que tout le monde est unanime à reconnaître qu'un grand caractère peut forcer à l'estime et quelquefois même à l'amour.

J'ai dit sa prudence et sa délicatesse pour ceux qui avaient des rapports plus fréquents avec lui, je ne puis taire sa politesse et sa grâce d'abord à l'égard de ses augustes visiteurs nos Seigneurs les Évêques, qu'il recevait, je puis le dire, avec la foi d'un prêtre de l'Eglise primitive et honorait de même. Quels soins encore pour ces saints religieux, ces prêtres de mérite qu'il appelait deux fois l'année à évangéliser ses enfants ! De quel respect il voulait qu'on les entourât ! « Cet homme, disait-il à ses professeurs en parlant du prédicateur de la retraite, vient prendre beaucoup de peine pour nos élèves, essayons, par nos bons égards, à lui faire oublier ses fatigues. » Quelle politesse pour les gens du monde ! Les grands et les petits, les riches et les pauvres, les lettrés et ceux qui ne l'étaient pas ne le trouvaient jamais en défaut. Un jour qu'il reconduisait, selon son habitude, jusqu'à la porte d'entrée, un personnage qui lui disait, en l'arrêtant à quelques pas de ses appartements : « N'allez pas plus loin, monsieur le supérieur, ce sont ici les Thermopyles. — Oh ! Monsieur, répondit-il gracieusement, je puis bien vous conduire jusqu'aux colonnes d'Hercule... »

Que d'importuns l'assiégeaient souvent, sans qu'un procédé quelconque leur ait jamais fait comprendre qu'ils lui étaient à charge, tant il savait être maître de lui-même et disposer des ressources de son esprit pour rester poli envers tout le monde !

Mais, s'il fut administrateur habile, il fut aussi éducateur puissant. De nos jours, le rôle d'éducateur semble vague et mal défini, parce que le terme que doit atteindre l'éducation n'est pas assez compris. Chez Monsieur l'abbé Dumas, la fin bien arrêtée déterminait les moyens à prendre pour arriver au succès. Que voulait-il ? Je l'ai dit : fournir à l'Église de pieux lévites et à la société d'excellents chrétiens ; dès lors son programme était tout tracé. Une règle servant de direction à l'esprit et au cœur dans la connaissance de la vérité et dans la pratique de la vie, fut son premier moyen, et Dieu sait comme il tenait à la règle ! Aucune considération ne l'empêchait d'en réclamer l'exacte application. Chaque année et deux fois par année, c'était le second moyen, il commentait cette règle où l'élève apprenait, dans un enseignement des plus clairs et des plus lumineux, ce qu'il devait à son Dieu, à ses parents, à ses maîtres, à son prochain, ce qu'il se devait à lui-même. Comment oublier ces lectures spirituelles qu'on trouvait trop rares, où l'excellent supérieur prémunissait les cœurs contre cette insouciance, cet état de langueur que ressentent les âmes pour tout ce qui tient à l'autre vie ; où il réclamait, pour les parents, l'honneur par le travail, l'honneur par la déférence, l'honneur par la modestie des caresses, l'honneur enfin par le front découvert ; et pour les maîtres, l'obéissance prompte et enjouée, le respect profond en tout temps et en tous lieux ; où il bannissait du vocabulaire de l'écolier les expressions de camaraderie dont il renvoyait l'usage à la caserne et où il inspirait à l'enfant le sentiment de sa dignité, l'honneur du respect de soi-même, dans un langage où l'innocence et la vertu apprenaient leurs devoirs, sans que l'une y perdît rien de sa précieuse ignorance, sans que l'autre y vît se ralentir ses généreuses ardeurs.

Au commencement de l'année scolaire, et de concert avec ses professeurs, il rédigeait le programme des études, c'était son troisième moyen. Il portait dans ce travail la plus scrupuleuse attention, et s'en rapportait, sous sa direction, au bon esprit, au zèle, au savoir de chacun des maîtres pour la complète exécution de ses ordres. Il se réservait d'aller porter dans les classes, dans des visites hebdomadaires, les encouragements ou les blâmes, selon qu'ils étaient mérités. Qui ne se rappelle l'effet de sa présence au milieu des élèves ? Il me semble voir encore cette figure majestueuse qu'éclairait un regard des plus pénétrants. Son front large et uni paraissait calme comme sa pensée ; parfois le sourire qui s'épanouissait sur ses lèvres faisait tressaillir, et celui que le travail avait fait monter de quelques places, et celui qui avait l'honneur du premier rang devaient alors s'estimer heureux, ils ne restaient pas sans encouragement, ni sans récompense. En effet, il parle, l'émulation grandit sous sa parole qui félicite le travail et encourage les efforts, et si, par ses reproches, elle ne parvient pas à soulever la force d'inertie qui retient le dernier, dites que le mal est sans remède.

Dans l'éducation, cet homme fut vraiment une puissance. Mais chaque chose a son terme, c'est une loi de la nature dont ne peuvent s'affranchir les plus beaux talents eux-mêmes. Après trente-deux ans d'une vie consacrée tout entière à la jeunesse du diocèse, Monsieur l'abbé Dumas dut songer au repos.

Il eut pu, du reste, s'il l'eût jugé nécessaire, porter ses regards vers le passé et s'asseoir tranquille comme le laboureur qui a rempli sa tâche. « C'est sous sa « direction que l'établissement a pris son essor et « acquis cette réputation qui y avait appelé non-« seulement de tous les points du département, mais « encore de plusieurs parties de la France, une foule « d'élèves dont s'honorent le barreau, la magistrature, « l'armée, le clergé, la médecine, l'enseignement, le « commerce, l'industrie et toutes les branches de « l'administration publique (1).

C'est aussi pendant les années de son ministère que Crouin, Javrezac et Richemont ont vu leurs églises se parer ou sortir de leurs ruines, en même temps que les âmes elles-mêmes sortaient de leur torpeuse indifférence, et que le bien qu'il avait espéré pour ces populations s'affirmait avec une expression qui redoublait son bonheur. Cependant une œuvre lui restait à accomplir : le petit Séminaire avait agrandi ses ailes, mais il n'avait pu se procurer encore une chapelle plus digne de la majesté du Dieu du sacerdoce. A plusieurs reprises, les élèves, selon l'énergique expression de Monseigneur Cousseau, en avaient mangé les pierres, et force avait été d'attendre des jours plus heureux. Ils parurent, et le saint Évêque, qui désirait ardemment doter son petit Séminaire d'un nouveau sanctuaire, consentit à ordonner les premiers travaux, si M. le Supérieur trouvait les dix mille francs que Sa Grandeur estimait nécessaires pour commencer. M. le Supérieur doubla le chiffre et fit surgir ainsi l'édifice qui est un magnifique couronnement à son œuvre.

Le jour de la dédicace en fut splendide.

(1) Journal de Cognac, *L'Ere nouvelle* (No du 24 avril).

Décidé à offrir sa démission de Supérieur au nouveau prélat qui venait de monter sur le siège de saint Ausone, M. Dumas voulut préalablement réunir au petit Séminaire, comme pour une réunion d'adieux, ceux qui l'honoraient de leur estime et dont les généreuses offrandes avaient été, pour son établissement, d'un si puissant secours. Le 10 juillet 1873, Richemont vit donc l'élite de la société cognaçaise rassemblée dans les murs de sa nouvelle chapelle ; et ce fut pour le vénérable supérieur une joie profonde, une consolation bien grande, de placer en quelque sorte, sous les bénédictions du Pontife, ces âmes généreuses, pendant que ses mains sacrées attiraient d'en haut, sur la pierre du sacrifice que leurs dons avaient élevée, les grâces les plus abondantes.

Cet acte de reconnaissance accompli, et sa démission acceptée, il put partir et quitter son Richemont dont il était fier, l'Antenne qu'il aimait à contempler de sa fenêtre, les grands arbres auxquels il demandait la fraîcheur de l'ombre, et ces sentiers qui avaient tant de fois résonné à ses oreilles du gazouillement de ses élèves. Images gracieuses, souvenirs bien doux, qui, en restant gravés dans son cœur, vont désormais charmer sa solitude.

C'est de cette solitude qu'il convient maintenant de contempler le prêtre.

Lorsqu'on regarde les hauteurs que frappe le soleil, on peut être ébloui par ses rayons ; mais lorsque l'ombre s'est faite sur la montagne l'œil du pâtre peut en parcourir plus facilement la cîme et les contours. Assurément dans M. Dumas, le supérieur n'absorba jamais le prêtre, mais toutes ses vertus sacerdotales ne se montraient pas aux regards. Dans les phrases harmonieuses de ses sermons et de ses homélies du dimanche, entre les nuages de l'encens et le parfum des fleurs, à l'autel, sa foi nourrissait la nôtre, son espérance élevait nos pensées et sa charité purifiait les cœurs. Ses saluts respectueux à la Madone qui présidait nos jeux, témoignaient de son amour pour la Reine des Cieux et nous invitaient à l'imiter dans son culte. Ses autres vertus étaient comme noyées dans sa gloire et, pour apparaître à nos yeux, il fallait que l'astre pâlit et nous permit de distinguer mieux, son humilité, sa résignation, sa longanimité, sa patience. En un mot il fallait que M. Dumas fut séparé du monde et de ses grandeurs pour qu'on put mieux reconnaître en lui les vertus d'un sage et le caractère élevé d'un saint.

Pourquoi parlerai-je de sa générosité et de ses bienfaits? Tout le monde connaît et chacun sait que ce prêtre dont la charité était inépuisable aurait lui-même senti le besoin, si la Providence qui veille sur ses anges n'avait quelques mois avant son départ de Richemont ouvert sa main bienfaisante pour secourir sa vieillesse.

Dans ses modestes appartements de l'ancien hôtel de Galard, loin du commerce des hommes et sans autres soucis que ceux que réclame une santé profondément ébranlée, il se prenait à repasser ses voies et disait avec un sentiment profond d'humilité mêlée de confiance « je remercie Dieu d'avoir couvert le diocèse
« d'excellents prêtres pendant ma pauvre adminis-
« tration, reconnaissant volontiers que j'aurais pu
« faire beaucoup mieux. » Puis revenant sur lui-même avec la sincérité de l'homme qui ne saurait ménager son amour-propre il ajoutait : « Je ne suis point un
« savant, les affaires ne m'ont pas permis de me
« livrer à l'étude comme je l'aurais désiré; mais je suis
« reconnaissant au Seigneur de m'avoir accordé de
« connaître et de discerner les hommes. C'était tout

« ce qu'il fallait pour mon œuvre. J'en ai trouvé qui
« m'ont donné pleine et entière satisfaction. » A ceux
qui lui avaient occasionné quelques peines il envoyait
le plus généreux pardon. Un jour après la réception
d'un rosier sans épine qu'accompagnait une charmante
allégorie, il écrivait à un vieil ami : « S'il restait quelque
« chose des blessures d'autrefois, ce n'était après tout
« que des traces de vaccine, aujourd'hui ce procédé a
« tout complètement effacé. »

En paix avec tout le monde et avec lui-même, son
bonheur était de s'entretenir avec Dieu. L'oblation du
saint sacrifice était pour son âme le premier besoin et
grande était sa souffrance lorsque la maladie ou le
mauvais temps ne lui permettait pas de se rendre à la
Cathédrale pour y célébrer les saints mystères. « Je suis
« à peu près décidé, écrivait-il à ce sujet, à prier
« Monseigneur de m'autoriser à dire la sainte messe
« dans la chapelle de Galard, du moins pendant
« l'hiver » et rien ne lui fut plus doux que cette autorisation gracieuse dont son âme se montrait encore plus
reconnaissante que ne l'exprimaient ses paroles. C'est
dans ces mêmes sentiments qu'il écrivait encore :
« malgré l'oppression qui m'accable, j'espère me
« joindre aux vénérables chanoines qui doivent offrir
« leurs compliments à Monseigneur, le jour de sa fête,
« je veux dire la veille. Viendra ensuite le service très
« solennel de Monseigneur Cousseau auquel je serai si
« heureux d'assister. Quelle consolation de pouvoir
« prier auprès de ce cœur vénéré qui fut toujours
« charitable et bon comme celui du divin Maître ! »

M. Dumas et Mgr Cousseau s'étaient toujours parfaitement compris, et c'est du reste l'une des gloires
de l'ancien Supérieur d'avoir su s'attirer l'estime et
l'affection de ceux que la divine Providence avait appelés

au premier poste du diocèse dans les grandeurs de l'épiscopat. L'éminentissime cardinal Régnier, archevêque de Cambrai n'oubliait pas son cher Supérieur d'autrefois auquel il faisait l'envoi gracieux de ses mandements ; aussi, vive et profonde fut la douleur du vénérable chanoine lorsqu'il apprit que cette grande lumière de l'Eglise de France venait de s'éteindre.

Souvent, de sa chère solitude, son cœur se tournait vers Richemont et ne pouvait cependant le déterminer à le revoir. Il fut pourtant un moment sur le point de céder à ce désir tant de fois combattu : une grave nouvelle était venue lui apprendre que son digne successeur, M. l'abbé Chaumet, était fort souffrant. L'heure du départ fut bientôt fixée ; mais il n'avait pas compté avec la maladie qui le tint au repos. Cependant il écrivait : « Je braverais tout si je croyais que « ma visite put apporter quelque soulagement à notre « cher malade. »

Toujours digne, toujours généreux d'esprit et de cœur, il s'oubliait ainsi lui-même pour ne penser qu'aux avantages d'autrui.

C'est encore ce même désir d'être utile qui lui faisait rassembler le peu de forces qui lui restaient pour les employer à donner un nouvel élève au sanctuaire. Dans les intervalles de repos que lui laissaient les offices du chœur et les douleurs de la maladie, il enseignait à son jeune clerc, avec une patience consommée, Rosa — la rose, jusqu'au moment où succombant à la faiblesse il vit Richemont lui ouvrir les portes qu'il avait ouvertes lui-même à tant d'autres. Mais alors quelle occasion nouvelle de revoir le Petit-Séminaire ! les instances ne manquèrent pas, la tentation fut bien grande ; il n'y faut plus penser, sauf à se dédommager en y écrivant toujours soit pour y épancher les richesses de son cœur, soit pour y envoyer, au profit de l'écolier, des lignes où la délicatesse et la grâce s'unissent dans un enseignement où l'ancien éducateur reparaît tout entier.

« C'est moi, mon cher enfant, qui réponds à votre
« lettre du 1er novembre. Je le fais avec d'autant plus
« de plaisir que votre bulletin de quinzaine est assez
« satisfaisant. Les notes de l'instruction religieuse et
« de la discipline générale ne laissent rien à désirer,
« ainsi que la tenue en récréation. J'espère donc que les
« places en orthographe et en analyse, qui sont déjà
« passables, deviendront meilleures ; mais il faut éviter
« les distractions dans la confection de vos devoirs de
« manière à ne pas écrire (les petits René et Henri
« devront être bien *grand* quand je les reverrai). Vous
« savez que deux singuliers valent un pluriel, c'est
« donc *grands* qu'il fallait dire. Cette petite chicane,
« mon cher enfant, vous prouvera combien je tiens à
« ce que votre français ne laisse rien à désirer..... »

Le vénérable chanoine n'eut pas le loisir d'étendre beaucoup ses conseils, encore moins de multiplier ses lettres. La maladie qui menaçait depuis si longtemps son existence ne devait pas tarder à remporter le suprême triomphe. Le jour des Rameaux étendu sur son lit de douleur, il disait à un ami accouru pour le voir, « j'espère que ce ne sera rien ». Espérant par là lui ôter toute inquiétude ; mais ne se faisant point d'illusion sur la gravité de son état. Il sentait venir son heure dernière et il s'y disposa avec foi, espérance et amour. Le Dieu qui avait réjoui sa jeunesse et ranimé sa vieillesse l'avait encore fortifié de la grâce des derniers sacrements ; et la divine Providence comme pour rendre moins sombres ses derniers instants avait placé près de lui un noble cœur, une âme généreuse, M. le comte et Mme la comtesse de C... dont les soins respec-

tueux le touchaient jusqu'aux larmes. « Mes nobles
« voisins sont charmants, disait le vénérable vieillard,
« et il s'y connaissait, je vous le répète ils sont très
« bien oui très bien..... Laissez-moi vous dire aussi mon
« bon ami, que j'ai eu l'honneur de la visite de Mon-
« seigneur. »

Quelques jours après ce dernier entretien sonna
l'heure du dernier combat, il le soutint avec cette force
d'âme qui donnait à sa physionomie jusque dans la
mort cet air grave et digne qui ressemble à la majesté
des saints.

Le 19 avril au matin, M. le chanoine Jean-Marie
Dumas avait rendu son âme à Dieu! Le 21, par les soins
de l'excellent M. Cailler, curé de Roumazières, son pa-
rent, tout était prêt pour les funérailles au cimetière
d'Angoulême. Mais, à Bardines, ce serait l'oubli! Qui
viendrait prier sur la froide pierre qui couvrirait là-bas
la dépouille du père de tant de générations sacerdotales?
Que sa tombe s'élève plutôt près de l'asile de la prière,
presque à l'ombre de la maison bénie où tout parle de
lui! Telle fut l'idée que la reconnaissance suggéra au
supérieur du Petit-Séminaire, M. l'abbé Chaumet, dont
l'empressement à la réaliser semble n'avoir été qu'une
exécution d'ordres célestes tant elle fut rapide et heureuse. Dès le soir même de la journée du 21, après la
cérémonie des obsèques faites le matin à la cathédrale,
Richemont reçut ce corps inanimé autour duquel
veillèrent les anges de la prière jusqu'au moment où
« en présence de ses plus anciens élèves qui avaient eu
« à cœur de donner à leur digne et vénéré maître ce
« dernier témoignage de leur sympathie et de leur

« profonde gratitude (1) » il fut porté dans la chapelle du Séminaire pour une nouvelle cérémonie funèbre présidée par M. l'abbé Baron, curé de Cognac, et bientôt après déposé, pour y dormir le dernier repos, près de son ami le bon abbé Duffoure dans ce cimetière de Richemont où la terre lui sera légère.

Puisse le monument que va élever sur sa tombe la piété de ses anciens élèves faire revivre mieux que je n'ai su le faire la belle figure de celui dont le souvenir doit être éternel !

Richemont, en la fête de S. Jean devant la porte latine, 6 mai 1881.

---

(1) L'*Ère nouvelle* de Cognac, loc. cit.

Angoulême. — Imp. ROUSSAUD, rue Tison d'Argence, 5.

www.ingramcontent.com/pod-product-compliance
Lightning Source LLC
Chambersburg PA
CBHW060909050426
42453CB00010B/1623